D1672805

D. Manz,
Die 50er und 60er Jahre in
Rottenburg am Neckar

Dieter Manz

Die 50er und 60er Jahre in Rottenburg a. N.

Eine Stadt im Umbruch

Band 2

Geiger-Verlag, Horb am Neckar

Einband-Abbildung:
Das alte Fallenwehr im Frühjahr 1965.

ISBN 3-89570-875-5

Geiger-Verlag, 72160 Horb am Neckar
www.geigerverlag.de
1. Auflage 2003
GD 1646 07 03 BB
Gesamtherstellung: Geigerdruck GmbH, 72160 Horb am Neckar

Gedruckt auf 100 % chlorfrei gebleichtem Papier.

Inhalt

Vorbemerkung

Bilder haben ihre eigene Sprache. Sie können Geschichten erzählen, sie können erzählte Geschichte sein. Bilder können bei ihrem Betrachter in besonderer Weise Unmittelbarkeit herstellen, indem sie ihm Vergangenheit vergegenwärtigen. Bilder können Erinnerung sein, sie können Erinnerung wecken, Erinnerung wachhalten: „Weißt du noch, damals ...?" Bilder können den Betrachter im Idealfall zum Erzählen eigener Geschichte, eigener Erfahrungen veranlassen. Solche und ähnliche Gedanken spielten bei der Zusammenstellung der Fotos für die beiden Teile des vorliegenden Buches eine nicht unwesentliche Rolle, neben Gesichtspunkten wie z.B. ‚Seltenheit des Bildmotivs', ‚Dokumentationswert der einzelnen Aufnahme' u.a.

Während in Teilband 1 die Wandlungen am Gesicht der Stadt durch Um- und Neubauten, durch vielerlei Renovierungen, Abbrüche u.a.

ins Bild gesetzt werden, an verlorene, zerstörte historische Substanz erinnert wird und an untergegangenes Arbeitsleben, nimmt sich Teilband 2 anderer Aspekte der Jahre 1945 bis 1969 an.

Zwischen harten Arbeitswochen feiert der Mensch zu allen Zeiten gern seine Feste, öffentliche und private – Goethes Wort „Saure Wochen – frohe Feste" zielt auf beide – und zu den Fähigkeiten der Rottenburger gehört es seit eh und je, Feste feiern zu können. Ein Erbteil aus österreichischer Zeit sei das, meinte die Oberamtsbeschreibung von 1899 – und, man darf das ruhig einmal sagen, es war nicht das Schlechteste, was die österreichischen Jahrhunderte vor 1806 uns mit dieser Fähigkeit hinterlassen haben, um die wir manchenorts nicht nur bewundert, sondern gelegentlich sogar be-

neidet werden. So werden also ausgewählte Fotos auch an die Feste und Festlichkeiten jener Jahre der Wirtschaftswunderzeit erinnern, an die jährlich wiederkehrenden, Fasnet und Fronleichnam, ebenso wie an solche, die ganz speziell damals stattfanden.

An Gelegenheiten zum Feiern von Festen mangelte es seinerzeit nicht; die Zeittafel am Schluß von Teilband 1 kündet davon. Vereine feierten ihre Jubiläen, heimkehrende Kriegsgefangene und siegreiche Turner wurden in festlichem Zug durch die Straßen geleitet. Für die Kinder gab es um 1950 Seifenkisten- und Radelrutschrennen, und auch später klang so manches sonntägliche Fest der Großen am Montag in einem Kinderfest mit Umzug aus. Geblieben davon ist nur der neuerdings immer bescheidener werdende Kinderumzug am Fasnetsmontag.

Früher, in den Jahren, um die es hier geht, gab es beinahe jedes Jahr irgendeinen Festzug. Heute, so ist zu hören, lasse allein schon der gewaltig angeschwollene Autoverkehr wegen der nöti-

gen Straßensperrungen solche Umzüge kaum noch zu. Heute, so sagen manche, würden sich Schulkinder nicht mehr für die Teilnahme an einem solchen Umzug motivieren lasssen. Wie meinte doch Ernst Jünger 1929 (es wurde am Beginn von Teilband 1 schon zitiert): „Wenn wir uns der Zeit erinnern, in der wir Kinder waren ... so sehen wir, um wieviel blasser die Welt geworden ist." In der Tat!

In besonders eindrücklicher Erinnerung bei denen, die sie miterlebten, sind die mit dem Neckar verbundenen Ereignisse der Jahre 1966 und 1967 geblieben: der Abbruch des ‚Wuhrs', des hölzernen Fallenwehrs von

1831/32, und der beiden Holzbrücken von 1946, der Neubau ihrer modernen Nachfolgerinnen und

schließlich die Tieferlegung des Flußbetts, bei der innerhalb des Stadtgebiets über hunderttausend Kubikmeter Kies aus dem Neckar gebaggert wurden. Zahllose Lastwagenladungen von Kies hat der Neckar seither wieder neu angeschwemmt – man sieht es, wenn manchmal der sonst angestaute Fluß abgelassen wird.

Daß die Winter jener Zeit knackiger, schneereicher waren als die heutigen, ist in ebenso guter Erinnerung geblieben wie manches Hochwasser des noch nicht ausgebaggerten Neckars. Win-

teraufnahmen mit Eis und Schnee, Bilder von Hochwassern, von Windbruch im Wald stehen stellvertretend für die Naturereignisse der Fünfziger- und Sechzigerjahre.

Eine Stadt endet nicht an ihrer Bebauungsgrenze. Die Veränderungen der Gegenwart machen nicht vor der Landschaft Halt; anhand einiger charakteristischer Aufnahmen wird auch dies aufgezeigt.

Was aber wäre eine Stadt ohne ihre Menschen? Manchen von ihnen ist der Betrachter schon in den Bildern vom Arbeitsalltag im ersten Teilband begegnet, aber auch in einigen Kapiteln dieses zweiten Teilbandes sind altvertraute Gesichter zu entdecken. Mit anderen von ihnen gibt es ein Wiedersehen im letzten Bildblock. Den Aufnahmen, die sich da zusammengefunden haben, haften alle Vor- und Nachteile des Zufälligen an. Es sind diskrete Schnappschüsse, keine Porträtaufnahmen. Man darf deshalb keine allzu hohen Maßstäbe an die Bildqualität anlegen. Bessere Qualität, nähere Sicht

war oft einfach nicht zu bekommen, weil die Persönlichkeitssphäre zu respektieren war. Und nicht alle Dargestellten waren das Fotografiertwerden so gewohnt wie etwa Bundeskanzler Kiesinger oder Bischof Leiprecht ...

Es konnte also nicht beabsichtigt sein, eine Art Bildergalerie bekannter Rottenburger zu schaffen. Ohne Streben nach Vollständigkeit in irgendeiner Richtung sollte vielmehr nur eine kleine Anzahl von Personen vorgestellt werden, die zum Stadtbild der 50er- und 60er-Jahre gehörten. Bis auf wenige, jetzt außerhalb Rottenburgs wohnende Ausnahmen sind alle hier Abgebildeten schon lange tot. Damit werden die mehr oder weniger zufällig entstandenen Aufnahmen – wie auch einige andere in den vorausgegangenen Bildkapiteln – zu einer Art Denk-Mal für Menschen aus unterschiedlichen Rottenburger Milieus, für manchen Betrachter vielleicht auch zum Denk-Anstoß, zum Anlaß für ein Gespräch über vergangene Zeiten.

Vergangene Zeiten: Manches aus den Jahren 1945 bis 1969, die Thema der beiden Teile dieses Buches sind, hat in sozusagen gewandelter Form überlebt. Nicht das Stadtbild, nicht die Bauten und auch nicht die Hauptfeste des Jahres sind hier gemeint, sondern manche Gegenstände, die neuer Bestimmung zugeführt wurden. Die Nierentische und Tütenlampen sind Objekte der Begierde für Sammler von Design-Artikeln geworden, und die Autos der damaligen Zeit haben sich zu Oldtimern, zu Museumsstücken und Wertobjekten gemausert. In den Vorgärten müssen Schubkarren als Träger für allerlei Blumenschmuck herhalten, ehe sie zusammenbrechen; und auch so mancher Obst- und Wäschepresse blieb das deprimierende Schicksal solcher Zweckentfremdung nicht erspart. Kupferne Waschkesseleinsätze und steinerne Futtertröge ‚schmücken' pflegeleichte Rasenflächen. Die handwerklich hervorragend gefertigten Wagenräder aus der alten Zeit finden sich in ungewohnter Umgebung wieder: Als nostalgische Dekorationsstücke ‚zieren' sie Hauswände, gelegentlich in Gesellschaft anderer nicht mehr benötigter landwirtschaftlicher Geräte wie hölzerner Rechen, Heugabeln und Dreschflegel. In mancher Hausbar haben sie als besonders ‚urige' Beleuchtungskörper eine neue Aufgabe erhalten. Die Reihe solcher Wiederverwendungsbeispiele ließe sich mühelos verlängern.

Was mag Menschen bewegen, die sich mit solchen zweckentfremdeten Dingen und Geräten aus vergangenen Zeiten umgeben? Im ‚Antiquitäten-Abfall' wohnend, hoffen sie vielleicht unbewußt, jenen versunkenen Jahren und Jahrzehnten in den Zeugnissen ihrer Kultur zu begegnen, sie festzuhalten in der Gestaltlosigkeit einer Zeit, die immer schneller und unbegreiflicher an ihnen vorüberzufließen scheint. Tatsächlich ist Sammeln und Bewahren eine Aufgabe, die sich gerade auch bei den Relikten der städtischen Ableger einer weitgehend untergegangenen Agrarkultur stellt. So bleibt zu hoffen, daß es noch irgendwo in der Stadt intakte Exemplare der Wagentypen gibt, die im Ackerbürger-Kapitel von Teilband 1 vorgestellt wurden.

Es wäre ein Verlust, wenn sie bloß noch in den Kapiteln unseres Buches überlebt hätten – man sollte sie irgendwo ‚in natura' betrachten können, diese kunstvoll handgefertigten Fahrzeugtypen vom Schub- oder ‚Schalt'karren bis hin zum großen Leiterwagen, denn es sind letzte Zeugnisse einer versunkenen jahrhundertealten Handwerks- und Agrarkultur! Zugleich sind es aber auch Belegstücke für den Strukturwandel, von dem in der Einleitung zu Teilband 1 die Rede war.

Einer Erkenntnis aber werden sich aufmerksame Betrachter unserer Bilder nicht entziehen können, vor allem dann nicht, wenn sie Rottenburgs Stadtkern in den Jahren bis etwa 1970 gekannt und bewußt erlebt haben – der Erkenntnis nämlich, daß diese Stadt zu keiner Zeit, außer vielleicht während ihrer Blüte im Spätmittelalter, einen derart guten und gepflegten Eindruck machte als gerade in unseren Tagen! Das gilt für die Häuser der Bürger, für Kirchen und andere öffentliche Bauten nicht weniger als für Straßenräume und Verkehrsflächen. Dieser Zustand ist Ergebnis von Sanierungs- und Neugestaltungs-

arbeiten, die zwar gelegentlich mit – in Einzelfällen auch schmerzenden – Verlusten an Gebäuden, an charakteristischen Details verbunden waren. Doch darf nicht vergessen werden, daß wesentliche historische Substanz instandgesetzt und damit gerettet und kommenden Generationen überliefert werden konnte. Der Unterschied zwischen diesen Sanierungsmaßnahmen und den Veränderungen in früheren Zeiten besteht lediglich darin, daß solche Veränderungen einst deutlich langsamer, gewissermaßen bedächtiger, vorgenommen wurden als in den Jahrzehnten nach 1970. Gegeben aber hat es Abbrüche, Neubauten, Umgestaltungen in allen Jahrhunderten, nicht nur als Folge von Stadtbränden.

Der pflegliche Umgang mit dem baulichen Erbe der Vergangenheit ist eine der vornehmsten Aufgaben einer Stadt und ihrer Bewohner, denn einzig ihre historische Bausubstanz gibt einer Stadt ihr unverwechselbares Gesicht, macht ihre Geschichte sichtbar, hebt sie ab von der Gesichtslosigkeit ihrer immer gleichen Neubau- und Gewerbegebiete, unterscheidet sie von anderen Städten und macht sie für Besucher und Gäste anziehend.

Bei aller leisen nostalgischen Wehmut, die sich bei der Betrachtung der Bilder aus der alten Zeit einschleichen mag, darf aber nicht außer Acht gelassen werden, daß Leben Veränderung ist, daß Neues nur aus Veränderung entstehen kann und daß Stillstand Erstarrung zur Folge hat; Erstarrung aber bedeutet Niedergang – auch bei einer Stadt.

In der Einleitung von Teilband 1 habe ich die Bitte geäußert, mich auf bislang unbekanntes Bildmaterial aus den 50er- und 60er-Jahren aufmerksam zu machen. Dipl.Ing. Herbert Stemmler hat dies zum Anlaß genommen, sein Archiv nach Motiven zu den Themen des Teilbands 2 zu durchforschen. Er konnte wichtige eigene Aufnahmen beisteuern, aber auch Fotos, die sein Vater, der Drogist Viktor Stemmler, seinerzeit gemacht hatte. Zusammengenommen erstrecken sich all diese Aufnahmen über den gesamten Zeitraum von 1945 bis 1969. Ein herzliches Wort des Dankes an Herbert Stemmler darf an dieser Stelle nicht fehlen.

Zumindest im Bild, in den Bildern der beiden Teile dieses Buches, aber wohl auch in manchem privaten Fotoalbum, haben die ersten 25 Jahre der Nachkriegszeit überlebt, die zugleich die letzten 25 Jahre der Ackerbürgerstadt Rottenburg waren, wie im Einleitungstext des ersten Teilbands nachgewiesen wurde. Jenen, die diese Zeit gekannt, miterlebt haben, können die Fotos Anlaß zum Erinnern sein. Den ,Nachgeborenen' aber könnten sie eine – wenigstens vage – Ahnung davon geben, wie die Stadt damals war und wie sie sich seinerzeit und seither veränderte. Vielleicht ist es den Bildern nebenbei auch ansatzweise gelungen, etwas vom Leben jener Jahre sicht- und spürbar werden zu lassen.

Rottenburg a. N., im April 2003

Dieter Manz

Festliche Tage

Carl Joseph Leiprecht, seit 1947 Mitglied
des Domkapitels, wurde am 30.11.48 zum
Weihbischof geweiht. Brechend voll war
Rottenburgs Dom, als der Nachfolger von
Bischof Sproll am 21.6.49 als neuer
Diözesanbischof inthronisiert wurde.
Im Bild gut zu erkennen die neobarocke
Ausstattung von 1927/28 mit dem
neugotischen Chorgestühl von 1867.

Groß war die Zahl von Bischöfen, Weihbischöfen und Äbten, die an der Inthronisation von Bischof Leiprecht teilnahmen und danach den neuen Bischof durch ein Spalier der Bürgerwache ins Palais zurückbegleiteten; im Bild der französische Militärbischof, begleitet von zweien seiner Militärseelsorger.

Der 4.9.49 war ein strahlender Spät-
sommertag, und so war fast die ganze Stadt
auf den Beinen, um bei der Einweihung
der neuerbauten Kepplerbrücke und den
anschließenden Festlichkeiten dabei zu sein.
Vormittags um 11 Uhr nahm Generalvikar Dr. A. Hagen auf der neuen
Plattform am Ehinger Ufer die kirchliche
Segnung vor. Bereits am Vortag hatte ein
„Radelrutschrennen mit und ohne Seiten-
wagen" und ein „Seifenkisten-Rennen" für
die Jugend stattgefunden – „Start: Weiler
Straße, Kreuzung Hechinger Straße; Ziel:
Ehinger Platz (1000 Meter)".

Ein Schulmädchen im weißen Kleid, mit der damals üblichen großen ‚Masche' im Haar, durfte das Band durchschneiden und damit die neuerbaute Kepplerbrücke für den Verkehr freigeben. Eine große Menschenmenge wartet im Hintergrund am linken Neckarufer, bereit, die Brücke für sich zu ‚erobern'.

Nach der offiziellen Freigabe der Brücke konnten Ehrengäste und Festteilnehmer die Brücke überqueren, angeführt von einer Ministrantengruppe mit Kreuz und Fahnen des Doms. Am Nachmittag des 4. September gab es ein Kinderfest mit großem Festzug, dessen 39 Gruppen von sämtlichen Rottenburger Schulen und Kindergärten gestellt wurden. Vereine und Firmen hatten Patenschaften für die einzelnen Gruppen übernommen. Im Anschluß daran erhielten die Festzugteilnehmer auf dem Festplatz hinter der Turnhalle Wurst, Wecken, Süßgebäck und Schokolade; es gab Vorführungen und Wettbewerbe wie Sackhüpfen, Tauziehen, Wurstschnappen, Kletterbäume u.a. und als krönenden Abschluß die Ehrung der Sieger des Radelrutsch- und Seifenkistenrennens vom Vortag.

Der Anlaß ist nicht mehr bekannt, bei dem Bischof Leiprecht hier beim Verlassen des Doms fotografiert wurde, geleitet von den Dompräbendaren Eugen Semle (1896–1965) links und Wilhelm Scholter (1912–1991) rechts; hinter Scholter der Bischöfliche Sekretär Bruno Amann, der 1957 Stadtpfarrer in Leonberg wurde, während Scholter schon 1955 zum Konviktsdirektor in Rottweil ernannt worden war, nachdem er seit 1949 Dompräbendar in Rottenburg gewesen war – die Aufnahme muß also vor 1955 gemacht worden sein.

Ein Ereignis von diözesanweiter Ausstrahlung war die Martinus-Festwoche im November 1961. Zum Eröffnungsgottesdienst bewegte sich ein langer Zug vom Palais in den Dom. Vorne links Akademiedirektor Dr. Georg Moser, der spätere Bischof; hinter dem Kapitelskreuz die Domkapitulare Dr. A. Hufnagel (vorne), Dr. K. Knaupp (links) und Domdekan A. Hinderberger (rechts). Weitere bekannte Gesichter sind auch in den hinteren Reihen zu entdecken, z.B. Offizialats-Assessor E. Rößler, P. Hugo Wagenbach, der Guardian der Franziskaner im Weggental u.a.

Kaum fassen konnte Rottenburgs Marktplatz am 16.5.50 die Menschenmassen, die beim nachmittäglichen Festakt aus Anlaß des Ersten Verbandsmusikfests des Volksmusikverbands Württemberg-Hohenzollern dabeisein wollten.
Auf dem Rathausbalkon Bischof Leiprecht, einer der beiden Festredner, bei seiner Ansprache; auf der Tribüne vor dem Rathausportal Ehrengäste und Funktionäre.

Bischof Carl Joseph Leiprecht war mit der Volksmusik, repräsentiert durch die Rottenburger Stadtkapelle, stets eng verbunden. Hier hört sich der Bischof auf der Freitreppe des Palais das Ständchen an, das ihm ein international besetztes Blasorchester unter Stabführung von Karl Bengel während des Bezirksmusikfests des Volksmusikerbezirks Neckar-Alb am Nachmittag des 20.7.63 brachte; zusammen mit Ministerpräsident Kurt Georg Kiesinger war der Bischof Schirmherr des Fests.

In den Sechzigerjahren wurde die Gutleuthauskapelle u.a. von der Gemeinde der griechischen Gastarbeiter für ihre Gottesdienste genutzt. Auf diesem Foto aus der Mitte der 60er Jahre ziehen sie, zusammen mit ihrem ‚papas‘, ihrem Geistlichen, in Prozession entlang dem Schänzle durch die Gartenstraße, um in der Gutleuthauskapelle ihren Weihnachtsgottesdienst zu feiern.

Kirche und Staat – früher hätte man wohl gesagt: Thron und Altar – im Gespräch vereint: Bischof Carl Joseph Leiprecht und Bundeskanzler Kurt Georg Kiesinger mit Gattin und Sohn Peter bei einem ‚Schwätzle' nach dem Weihnachtsgottesdienst 1966 vor dem Dom.

Das herausragende Rottenburger Fest in den 60er Jahren war ohne Zweifel die von langer Hand vorbereitete 650-Jahrfeier der Bürgerwache vom 18. bis 20.7.64, verbunden mit dem Landestreffen der historischen Garden und Wehren Südwürttemberg Hohenzollerns unter Teilnahme von Gastwehren aus dem Landesverband Baden-Hessen. Am 18.7. fand ein Empfang für Kommandanten und Ehrengäste auf dem Rathaus statt. Auf unserm Foto wird einer der Schirmherren, Ministerpräsident Kurt Georg Kiesinger, von Landrat Oskar Klumpp und Major Pius Vollmer, dem Kommandant der gastgebenden Bürgerwache, vor dem Rathaus begrüßt.

Während der große Festzug am Nachmittag des 19. Juli von den Garden und Wehren gestaltet wurde, die in 4 Marschblöcken mit je 8 oder 9 Gruppen, darunter auch 5 Reitergruppen, auftraten, war der Umzug am Nachmittag des 20. Juli eine Angelegenheit der Kinder. Hier eine Gruppe von Schülerinnen des Rottenburger Gymnasiums auf dem Weg zum Festplatz hinter der Turnhalle.

Eine besonders reizvolle Gruppe beim Kinderfestzug des 20. Juli: die Rottenburger Bürgerwache en miniature, begleitet von Dr. Walter Bucher, dem Zeichenlehrer des Gymnasiums, der an vielen Festen und Festzügen der Sechzigerjahre als engagierter Gestalter mitwirkte.

Im Zusammenhang mit der Industrie- und Gewerbeausstellung im Mai 1961 gab es einen großen historischen Umzug mit 26 Kostümgruppen; hier wird die Erbauung des Rottenburger Rathauses von 1474 wirkungsvoll in Szene gesetzt.

Etwas Besonderes leisteten sich die Angehörigen des Jahrgangs 1910 bei ihrem Vierzigerfest im Sommer 1950, nämlich eine Sonderfahrt mit der Eisenbahn – nach Bühl. Der Wagen mit den fröhlichen Jahrgängern – hier vor der Abfahrt auf dem Rottenburger Bahnhof – wurde von einer Diesel-Rangierlok gezogen.

Der schattige Platz unter den großen Bäumen hinter der Festhalle ist spätestens seit der Wende vom 19. zum 20. Jahrhundert ein beliebter Veranstaltungsort für allerlei sommerliche Festivitäten wie z.B. das Familienkonzert der Stadtkapelle am Nachmittag des Fronleichnamsfestes. Dabei fehlt es nie an Möglichkeiten zum Gespräch mit Freunden und Bekannten oder auch völlig Unbekannten, zum fröhlichen Trinken – Sommerwetter macht eben durstig. Das verspürte auch die Gruppe, die sich hier irgendwann in den Sechzigerjahren zusammenfand.

Fasnet

Sie waren die Repräsentanten der Rottenburger Fasnet anno 1950: ‚Gräfin‘ Maria Nesch, begleitet von zwei Pagen ihres Hofstaats; links ‚Elferrat‘ Viktor Stemmler mit der ‚Marotte‘ in der Linken, rechts ‚Prinz Karneval‘ – den gab es damals noch – Walter Held mit dem Narrenzepter.

Noch ein vergleichsweise kleines Häufchen war die Schar der Schellennarren, als sie sich um 1950 vor dem Kapuzinertor zum Gruppenbild aufstellte. Mit dabei die beiden Eisbären und der Braunbär, die untrennbar zu den Fasneten unserer Kindertage gehörten. Das niedrige Gebäude links neben dem Tor ist übrigens das ehemalige Torwächterhäuschen des im Spätmittelalter „Jupperstor" (nicht „Jupitertor"!) genannten Bauwerks.

29

Auf seinem Weg durch die Stadt passiert der Historische Teil des Fasnetsumzugs, angeführt von der Stadtkapelle in ihren damaligen ‚mittelalterlichen' Kostümen mit ihrem Dirigenten „Bengel-Karle", die alte Obere Brücke – Bengels „Rottenburger Narrenmarsch" erklang übrigens 1939 das erste Mal. Die Reflexe auf der Straße und die Schirme im Hintergrund zeigen, daß es eine verregnete Fasnet war, wohl in der 1. Hälfte der 60er Jahre.

Fasnet in den 50er Jahren: Josef Sedelmaier, Rottenburgs stadtbekannter Polizeikommissar, wird von den ebenso stadtbekannten ‚Elferräten' – damals hieß das heute ‚Narrenrat' genannte Gremium noch ‚Elferrat' – Franz Held (links) und Viktor Stemmler ‚verhaftet'.
Dem Abzeichen zufolge, das unten an den Pelzkrägen der beiden Elferräte zu erkennen ist, könnte das Foto anläßlich des Narrentreffens 1952 aufgenommen worden sein.

Bis ins hohe Alter in der Fasnet aktiv war Alfons Uttenweiler, seines Zeichens Schneidermeister. In der Gestalt des früheren Stadtbüttels Grünlinger führte er jahrzehntelang, bis in sein 86. Lebensjahr 1990, die Fasnetsumzüge an, so wie hier 1965.

Ein begeisterter und engagierter Freund der Rottenburger Fasnet, z.B. jahrelang als Zeremonienmeister im Elferrat, war Dr. Walter Bucher, Zeichenlehrer am Gymnasium; unser Foto zeigt ihn im Fasnetsumzug 1965.

Ebenfalls im Fasnetsumzug von 1965, vier Jahre vor seinem Tod, war der „Edelmann-Seffle" zu entdecken, als Laufnarr geradezu ‚Urgestein' der Fasnet, Inhaber der „Mechanischen Werkstätte" in der Karmeliterstraße, ein „genialer Mechanikus", der als geschickter Verfertiger der Narrenschellen bei den Ahlanden hoch angesehen und auch sonst das ganze Jahr über für witzige, schlagfertige Bemerkungen bekannt war.

Fester Bestandteil der Fasnetsumzüge war seinerzeit auch der Wagen mit der ‚Narrenmutter' und dem Storch mit ‚ihrem' Nachwuchs, hier in einer Aufnahme von 1969. Als Kutscher betätigte sich „d'r Knipfer", dem wir im Schlußkapitel nochmals begegnen werden.

Ein Charakteristikum der Fasnetsumzüge der 50er- und 60er Jahre waren ihre karnevalistischen Elemente. In Form zahlreicher Umzugswagen mit politischer oder lokaler Thematik prägten sie damals das Gesicht der Fasnet. Im Bild ein Ausschnitt aus dem Umzug von 1969.

Der Fasnetsmontag mit ‚Narrensamenumzug' und ‚Kinderball' in der Turn- und Festhalle war schon immer den Kindern, dem närrischen Nachwuchs, vorbehalten. In der Fasnet 1968 haben sich nach dem Umzug Musiker, Laufnarren und Hofstaat auf der Bühne versammelt, um das Publikum im Saal in Stimmung zu bringen.

Kehraus am Fasnetsdienstag, 26.2., im kalten Winter 1963, vor dem Pfannkuch-Laden im „Waldhorn". Rechts neben den beiden Kindern ist die „Hasenkaspere" zu erkennen, die ihren geliebten Rehpinscher sicherheitshalber auf den Arm genommen hat.

Fronleichnam

Farbenprächtiger Höhepunkt im kirchlichen Festkalender Rottenburgs war und ist das Fronleichnamsfest. Es begann eigentlich bereits am Vorabend mit der „Segensandacht" im Dom und vor allem mit dem anschließenden Großen Zapfenstreich der Bürgerwache auf dem Marktplatz. Während die Geistlichkeit den Dom verließ – so wie hier im Jahr 1969 Bischof Leiprecht, begleitet von Generalvikar Dr. Knaupp und Prälat Weitmann –, stellte sich die Bürgerwache vor dem „Engel", ihrem Traditionslokal, zum Abmarsch für den Zapfenstreich auf.

Am frühen Morgen des eigentlichen Festtags, wenn oft noch der Morgennebel über dem Neckartal lag, wurden die Rottenburger von den Salutschüssen der Kanonen der Bürgerwache, die auf dem Gelben Kreidebusen aufgestellt waren, aus den Betten ‚gelupft'.
Auf diesem Foto vom 5.6.69 löst sich gerade einer der weit über Stadt und Flußtal rollenden Schüsse, kritisch begutachtet von der Bedienungsmannschaft in Arbeitsuniform, wie sie in jenen Jahren beim morgendlichen Schießen getragen wurde.

Die Alumnen des Priesterseminars in ihren Chorröcken, gefolgt von den Monsignori, dem Domkapitel und den übrigen Geistlichen, dahinter der ‚Himmel‘; Fahnen an den geschmückten Häusern, Wimpel über den Straßen, strahlend blauer Himmel, Weihrauchduft und sommerliche Kleider: ein farbenfrohes, noch ganz ‚barockes‘ Bild, das die Fronleichnamsprozession Anfang der 60er Jahre bot. Vieles ist nüchterner geworden seither, aber noch immer erklingt der Prozessionsmarsch der Stadtkapelle wie damals, noch immer ist Fronleichnam ein farbenprächtiger Höhepunkt im Jahreslauf der Stadt.

‚Maielen‘ an den Häusern, Gras in den Straßen, Ministranten von St. Moriz mit ihren schönen weiß-roten Röcken, dazu das Tragreliquiar mit den Silberbüsten von St. Johann Nepomuk – im Bild – und St. Mauritius: ein typischer Ausschnitt aus den Fronleichnamsprozessionen der frühen 60er Jahre, der aber auch 200 Jahre zuvor nicht anders ausgesehen hat.

Bis nach der Mitte der 60er Jahre machte die Prozession an vier Altären Halt auf ihrem Weg durch die Straßen der Stadt; zwei Altäre standen im Bereich der Pfarrei St. Moriz, die beiden anderen im Gebiet der Dompfarrei. Einen der nicht mehr aufgestellten ‚Egner' Altäre zeigt diese Aufnahme von 1963; das Altarbild hat der Rottenburger Kunst- und Kirchenmaler Eugen Stehle, wohl in den 20er Jahren, gemalt.

Noch einmal das Tragreliquiar der St. Moriz-pfarrei, diesmal mit der Silberbüste des heiligen Mauritius und dem barocken Schrein mit den Reliquienschädeln, die man als Kind nach Abschluß der Prozession immer mit einer Mischung aus Neugier und leisem Grauen betrachtete, so wie hier 1963 umlagert von Trägern, Ministranten, Angehörigen von Jugendgruppen – ein Bild vom Fronleichnams-alltag, bis nach der Mitte der 60er Jahre das Mitführen der Büsten und des Reliquiars dem Zeitgeist zulieb aufgegeben wurde.

Neben den beiden Silberbüsten aus der St. Morizkirche wurden bis gegen Ende der 60er Jahre zahlreiche weitere Statuen in den Fronleichnamsprozessionen mitgeführt. Übrig geblieben ist bis heute einzig die Figur des hl. Urban, die Heinrich Carl Amrein um 1688 schuf, wie seit eh und je begleitet von den „ehrbaren Herren und Brüdern des heiligen Urbanus", wie es in einem barocken Aktenstück heißt; die Aufnahme ist aus der Mitte der 60er Jahre.

Die kleine Anlage rings um den Obelisken des Denkmals für die gefallenen Rottenburger des Krieges von 1870/71 war eine wirkungsvolle Hintergrundkulisse für den vierten Altar, vor dem sich, wie im Foto von 1963, die Teilnehmer der Prozession zu Evangelium, Gebet und Segen versammelten, ehe sich die Prozession vor dem Dom auflöste.

Eine reiche Fülle von Kruzifixen, Heiligenfiguren, Gemälden und Reliefs aus allen Kunstepochen vom frühen Barock bis zu den Zwanzigerjahren, vom bescheidenen Massenprodukt bis zu hoher künstlerischer Qualität, schmückte am Fronleichnamstag die Häuser entlang des Prozessionswegs. Die ältesten und kostbarsten Stücke, bis in die Zeit um 1400 zurückreichend, waren in den Erdgeschoßfenstern des Spitals an der Königstraße zu sehen. Stellvertretend für alle Andachtsobjekte an Privathäusern soll hier eines der spektakulärsten Stücke in einer Aufnahme aus den späten 60er Jahren gezeigt werden: die Szene mit dem Letzten Abendmahl, die in einem verspiegelten Glaskasten jedes Jahr vor dem „Waldhorn" zu bewundern war. Die Gruppe wurde wohl in den späten 1830er Jahren von Leopold Lazaro geschaffen, dem Schnitzer des bekannten „Weggetaler Kripple".

Was ganz zum Schluß der Prozession kam, war in dieser Form zum letzten Mal 1969 auf dem Marktplatz zu sehen;
hier im Foto von 1963: Die Bürgerwache in schnurgerader Front präsentierte beim Abmarsch ihrer Fahne und folgte ihr unter den
Klängen einprägsamer Marschmusik zum „Engel", wo sich die Marschformation auflöste, um in der Wirtsstube ihren berühmten
„Bürgerwach-Duuscht" zu löschen. Heute tut sie dies alles vor und in ihrem Heim an der Tübinger Straße, das Ende November 1969
eingeweiht wurde.

Nach der Prozession gab es endlich für alle Neugierigen Gelegenheit, die beiden Kanonen der Bürgerwache auf dem Marktplatz aus der Nähe zu betrachten, so wie hier das Geschütz St. Georg samt Bedienungsmannschaft in Paradeuniform im Jahr 1963.

Im Mittelpunkt: Der Neckar

Vom Ehinger Ufer geht der Blick über das sommerliche Niedrigwasser des Neckars hinüber zum Spitalbereich, zur „Linde" und zu dem um 1950 neu erbauten Haus Neckarhalde 1, in dessen Erdgeschoß sich in den 50er Jahren eine Filiale der Firma Schreibwaren-Held etablierte. Der ganz rechts im Bild sichtbare Altbauteil des Spitals wurde 1952/54 durch einen Neubau ersetzt – das Foto dürfte wohl um 1951 aufgenommen worden sein.

„Rottenburg am Neckar" lautet der Name der Stadt, und das Vorhandensein des Flusses gehört zu den Rottenburger Selbstverständlich-keiten. Einmal aber, um 1966/67, stand der Fluß mit seinen Brücken ganz im Mittelpunkt der Aufmerksamkeit: Das Flußbett wurde tiefer gelegt, die beiden Holzbrücken von 1946 wurden ebenso abgebrochen und durch Neubauten ersetzt wie das hölzerne Fallenwehr von 1831/32 unterhalb der Kepplerbrücke. Als erste wurde die Mittlere Brücke, hier in einer stimmungsvollen Winteraufnahme vom Beginn der 60er Jahre, im Februar 1966 abgebrochen.

Wie es bei den Abbrucharbeiten an der Mittleren Brücke im Februar 66 zuging, zeigt diese Aufnahme; gleichzeitig gibt sie einen Einblick in die Konstruktionsweise der Brücke.

Wie weit die Abbrucharbeiten an der Mittleren Brücke am 8.3.66 gediehen waren, dokumentiert diese Aufnahme. Rechts im Hintergrund zeigt sie die zu Beginn der 80er Jahre verschwundenen An- und Aufbauten der Stein'schen Mälzerei in der ehemaligen Großen Stadtmühle.

Ein Bild vom Stand der Abbrucharbeiten, aufgenommen wohl gegen Ende März 66. Der Blick geht auf das linke Neckarufer in Richtung Bahnhofstraße. In der rechten Bildhälfte wird gerade im Haus Nr. 19 – ehemals Gerberei und Fellhandlung Albert Buß – das Ladengeschäft der Firma Elektro-Hartmann eingebaut.

Und so sieht, bei einem Blick in die Gegenrichtung, die Konstruktion der neuen Eisenbetonbrücke aus,
die am 22.9.66 eingeweiht wurde, die Eichenbrücke von 1946 ablösend.

Auch die Obere Brücke von 1946 war eine hölzerne Pfahljoch-
brücke. In einem der kalten, schneereichen Winter der 50er Jahre
entstand dieses Bild der autofreien Brücke. Der Verkehr war noch
nicht sehr umfangreich damals – wohl den Hauptanteil der die
Brücke passierenden Fahrzeuge stellten die mit Steinen oder
Schotter aus dem ‚Gefängnis'- bzw. Baresel-Steinbruch
beladenen LKWs.

Ende Februar 1966 wurde mit dem Ausbaggern des Neckars
begonnen. Im Januar 67 war ein fortgeschrittenes Stadium der
Ausbauarbeiten des Flußbettes zu erkennen. Unmittelbar vor
dem Beginn der Abbrucharbeiten an der alten Brücke trat das
Fundament des Mittelpfeilers der am 18.4.45 gesprengten Guß-
eisenbrücke von 1873 zutage, das bei seinem Bau besonders groß
dimensioniert worden war, weil damit eine an dieser Stelle mitten
im Flußbett sprudelnde Quelle, angeblich eine kohlensäurehaltige
Mineralquelle, verstopft werden mußte.

Mit Abbruch und Neubau der Oberen Brücke war Januar/Februar 67 begonnen worden; im Bild der Stand der Arbeiten etwa Anfang März. Die Befestigungsmauer am rechten Ufer war bereits fertiggestellt. Gut zu erkennen ist die Konstruktion der alten Brücke. Bereits am 29.9. konnte der fertige Brückenneubau dem Verkehr übergeben werden.

So sah es am 18.9.66 unterhalb der Kepplerbrücke aus; die Aufnahme hält fest, wie die Uferzone im Bereich des Schänzle mit dem an Ort und Stelle dem Flußbett entnommenen Kies neu aufgebaut wurde. Der große Bagger stand einige Wochen später im Zentrum der Begebenheit, die das nächste Bild illustriert.

Im Flußbett vor dem linken Neckarufer zwischen Spital und Priesterseminar befanden sich vor den Ausbaggerungsarbeiten der Jahre 1966/67 mehrere tiefe Löcher, ehemalige Pferdeschwemmen, die von den Rottenburgern „Roßgumpen" genannt wurden.

An einem Herbsttag des Jahres 1966 rutschte der große Bagger, der auf dem vorhergehenden Foto zu sehen ist, in einen dieser Roßgumpen und versank bis über den Zahnrad-Drehkranz im Loch. Aus eigener Maschinenkraft konnte er sich nicht befreien, und auch mehrere Versuche, ihn mit Hilfe der an der Ausbaggerung des Flußbetts beteiligten schweren Raupenfahrzeuge herauszuziehen, schlugen fehl. Die Rettung gelang erst nach Einbruch der Dunkelheit, nachdem ein Bergungspanzer der damals noch in Tübingen stationierten französischen Truppen zu Hilfe gerufen worden war. Er stand zwischen dem Chor der St. Morizkirche und der alten Stiftsprädikatur und wurde durch Drahtseile, von denen eines während der Bergung riß, mit den im Flußbett stehenden Raupenfahrzeugen und mit dem ‚abgesoffenen' Bagger verbunden. Durch langsames Rückwärtsfahren der Bergungsfahrzeuge gelang es, den Bagger aus dem Gumpen zu befreien.

Nachdem der Rottenburger Unternehmer Joseph Pfeifer (1775–1842) die beiden alten Mühlgräben im Stadtgebiet 1828/29 trockengelegt hatte, zerstörte 1830 ein Hochwasser das alte Streichwehr vor dem Priesterseminar. Daraufhin ließ Pfeifer 1831/32 unterhalb der Stadt für seine dortigen Mühlen ein neues, hölzernes Fallenwehr erbauen, das „Wuhr".
Dessen Tage waren mit dem Beginn der Arbeiten für die Tieferlegung des Flußbetts im Frühjahr 1966 gezählt.

Unmittelbar vor dem Beginn der Abbrucharbeiten am „Wuhr" entstand am 26.2.66 diese Aufnahme seines Inneren mit der interessanten Balkenkonstruktion. Aus heutiger Sicht ist es außerordentlich zu bedauern, daß dieses bemerkenswerte Denkmal früherer Wasserbautechnik seinerzeit zerstört wurde.

Die letzten Sekunden des Pfeifer'schen
Fallenwehrs – von dem ein Teil bereits
vorher abgebrochen worden war – am
23.3.66 werden durch diese beiden
Aufnahmen dokumentiert.
Ein charakteristisches Wahrzeichen des alten
Rottenburg war in einer großen Staubwolke
endgültig Geschichte geworden.

Bereits im Sommer 1965 wurde mit dem Bau des neuen Flußkraftwerks unterhalb des ehemaligen Pfeifer'schen Fallenwehrs begonnen. Im Bild der Zustand der Baustelle im zeitigen Frühjahr 1966.

Eine weitere Aufnahme von der Kraftwerk-Baustelle, fotografiert am 8.3.66, mit Blick auf das linke Neckarufer zu den Gebäuden der Bolz'schen Neckarmühle.

Naturereignisse

Zu allen Zeiten war und ist das Wetter ein beliebtes Gesprächsthema zwischen den Menschen. Alle reden vom Wetter – wir auch. In Rottenburg, der Stadt am Neckar, sorgte, vor allem bis zur Tieferlegung des Flußbetts in den 60er Jahren, der Neckar und seine Kapriolen immer wieder für Gesprächsstoff, für unliebsame Überraschungen. So gibt es bereits vom Ende des 14. Jahrhunderts Nachrichten von Überschwemmungen und Hochwasserschäden. Besonders eindrücklich für alle, die es miterlebten und miterlitten, war das Hochwasser am 13.1.55, das ein seit Menschengedenken nie gekanntes Ausmaß hatte. Bootfahren bis zum Metzelplatz – an diesem Tag war es möglich, wie diese Aufnahme vom Platz vor der Zehntscheuer zeigt. Beträchtlichen Schaden richtete dieses Hochwasser vor allem im Keller des Krankenhaus-Neubaus an.

Das letzte Hochwasser, das das alte Fallenwehr zu meistern hatte, überrollte nach der Schneeschmelze im Frühjahr 1965 das Neckartal. Auch der Weggentalbach trat damals über seine Ufer. Das Ganze verlief jedoch nicht so folgenschwer wie das Hochwasser zehn Jahre zuvor.

Hauptverursacher der Frühjahrshochwasser war häufig die Schneeschmelze nach den früher oft sehr schneereichen Wintern.
Ein Winter von seither nie mehr erreichter Länge und Härte war der von 1962/63. Noch Anfang März war die Eisdecke auf
dem Neckar 40 cm dick, und als am 8.3. die Temperatur auf + 13° stieg, setzte starkes Tauwetter ein.
Versuche, die Eisdecke mit mechanischen Mitteln aufzubrechen, mißlangen – wie hier beim „Wuhr" –, sie mußte gesprengt werden.

Bevor aber am 8.3.63 das Tauwetter einsetzte, wurde das Neckareis zum Schauplatz vielfältiger Winterbelustigungen. Spaziergänger jeden Alters, Schlittschuhläufer, Eishockeyspieler und ‚schleifende' Kinder tummelten sich auf dem sehr selten so stark zugefrorenen Fluß.

Noch lang nach der Eissprengung am 8.3.63 lagen mächtige Eisschollen am Neckarufer, und auch halbvereiste Schneereste hielten sich an schattigen Stellen noch bis weit in den März hinein.

Daß die Winter früher strenger und meist wesentlich schneereicher waren als heutzutage, können die Älteren unter uns aus eigener Erfahrung bestätigen. Doch gab es Jahrhunderte zuvor, im Spätmittelalter, eine so warme Periode, daß selbst am Nordhang des Rammert mit Erfolg jahrhundertelang Wein angebaut werden konnte. Erst ab dem ausgehenden 16. Jahrhundert sank das Temperaturjahresmittel in unserer Gegend um 3 bis 4 Grad. Winterlandschaften wie hier vom März 1965 im hinteren Teil des Plon sind inzwischen jedenfalls wieder ein eher selten gewordener Anblick.

Noch ein Winterbild vom März 65, mit Blick von der „Römersäule" nach Norden auf die ehemaligen Weinberge der äußeren Neckarhalde.
Über dem römischen Säulenpaar und rechts davon der Einschnitt des Klinglesgrabens, der alten Grenze zwischen Rottenburger und Kalkweiler Markung. Die Römersäulen sind hier noch im Urzustand zu sehen, ohne den häßlichen Betonsockel, in den später ihre Basis eingegossen wurde und der die antiken Reste immer noch verunstaltet.

Von den kahlen Bäumen mit dem Gewirr ihrer beschneiten Äste geht eine fast holzschnittartige Wirkung aus. Wie der tiefhängende, feuchtkalte Nebel über der Stadt im Hintergrund trägt auch das steinerne Sühnekreuz das seinige zu diesem charakteristischen Bild winterlicher Kälte und Erstarrung bei. Die stimmungsvolle Aufnahme auf dem Gelben Kreidebusen wurde am 8.2.69 gemacht.

Der Schneereichtum früherer Winter mit der Beschwerlichkeit des Gehens wird mit dieser Aufnahme aus dem Januar 1965 ebenso illustriert wie der Zustand des kleinen Platzes vor dem Kalkweiler Tor vor seiner Umgestaltung Mitte der 80er Jahre.

Nach einem heftigen Gewitter im August 1965 gab es, von der Öffentlichkeit kaum registriert, im Staatswald „Weiler Hag"
unterhalb der Weilerburg Sturmschäden, wie unser Foto von den Aufräumungsarbeiten zeigt, und infolge der Ausschwemmungen
einen kleinen Erdrutsch.

Nächtliche Gewitter sind für den Beobachter stets eindrucksvolle Schauspiele; Blitz und Donner werden intensiver wahrgenommen als am Tag. Nicht weniger beeindruckend können Aufnahmen nächtlicher Blitzentladungen sein – kein Wunder, daß es sogar Sammler fotografierter Blitze geben soll! Ein heftiges Gewitter entlud sich in den späten Abendstunden des 27.7.69 über dem Neckartal – die Blitz-Aufnahme von damals aus dem Kreuzerfeld zeigt rechts im Hintergrund den Rammert, links den Spitzberg; links von der Baumgruppe in der Bildmitte sind die Lichter von Tübingen zu erkennen.

Rund um die Stadt

An die vor allem vom 17. bis zum
19. Jahrhundert blühende Gartenkultur
der Stadt erinnerte auch dieses Garten-
haus, das links der alten Straße nach
Seebronn westlich der St. Theodors-
kapelle stand und zu Beginn der
70er Jahre völlig zerstört und beseitigt
wurde. Das steinerne Untergeschoß mit
schönen Ovalfenstern stammte aus dem
letzten Drittel des 17. Jahrhunderts;
in späterer Zeit, wohl im frühen
19. Jahrhundert, bekam es ein
Fachwerk-Obergeschoß, das zuletzt
sehr ramponiert aussah.

So sah der alte „Sülcher Totenweg"
in der Nähe des „Huthüttele" über
der Ehalde am Silvestertag des Jahres
1968 aus. Über diesen uralten
Hohlweg wurden im Früh- und
Hochmittelalter bis um 1055 die
Toten von Remmingsheim auf den
Sülchenfriedhof überführt. Inzwischen
ist der Hohlweg in seinem unteren Teil
aufgefüllt und überbaut, im oberen
Abschnitt aber fast völlig zugewachsen
und kaum noch erkennbar.

Der ehemalige Städtische Steinbruch im Muschelkalk an der „Porta Suevica" – oberhalb des „Preußischen" an der Straße nach Niedernau – war am 1.4.59 stillgelegt worden.
Sein Brecherwerk zeigte sich am 3.4.68 bereits in recht desolatem Zustand; in der Folgezeit wurde es abgebrochen.

Vom Albvereinsweg unterhalb der Kalkweiler Kapelle ging der Blick über den inzwischen längst zugewachsenen Talhang auf den Baresel'schen Steinbruch. Ursprünglich begann dieser schöne Fußweg beim ‚Vogelwäldle', das auf diesem Foto vom Januar 63 über dem Kopf des rechten der beiden Spaziergänger zu erkennen ist. Der vordere Teil dieses Weges über dem Steinbruch fiel 1966 dem fortschreitenden Ausbau des Steinbruchs zum Opfer, der zur selben Zeit auch Ursache für die Verlegung der Straße nach Remmingsheim wurde.

Schon im 17. Jahrhundert wurde im Gewann „Lichtenberger" im östlichen Teil des späteren Baresel-Steinbruchs nach Muschelkalk-steinen gegraben. Dem fortschreitenden Ausbau seit Beginn des 20. Jahrhunderts fielen nach und nach die Weinberge des Gewanns „Feiner" restlos zum Opfer. In den letzten Jahren des 2. Weltkriegs wurden in dem damaligen Steinbruch des Landesgefängnisses von Straf- und politischen Gefangenen Stollen in den Fels getrieben, in denen Flugzeugmotoren u.a. gebaut werden sollten. Im September 1947 wurden diese Stollen auf Anordnung der französischen Militärregierung gesprengt. Der Steinbruch – hier der Zustand im Juni 69 – wurde 1983/84 stillgelegt und wird seither als Erddeponie genutzt und langsam rekultiviert.

Von der Weilerburg herab gesehen bot die
Stadt am 1.4.68 dieses Bild. In der linken
Bildhälfte ist vor dem Stadtteil Ehingen
das Kreuzerfeld zu erkennen, in dem die
Erschließungsarbeiten in vollem Gang sind,
während im rechten Teil des Kreuzerfelds
bereits die ersten Flachdach-Bungalows
stehen. Rottenburgs erstes Hochhaus von
1967 in den „Krautgärten" ist gut zu
erkennen und rechts im Gebiet von
„Siebenlinden" die ersten Anfänge der
Anlagen des Rolu-Fertighaus-Werks, den
Wurzeln für das heutige Gewerbegebiet.
Rings um Rottenburg scheint die
Landschaft mit ihren vielen Streuobst-
wiesen noch weitgehend intakt; die ersten
Ansätze bislang ungebremsten Landschafts-
verbrauchs sind jedoch nicht zu übersehen.

Im Herbst 1966 war das Gebiet zwischen dem Hohen Markstein im Bereich „Burgäcker" und dem Heuberg noch weites Acker- und Wiesenland ohne Aussiedlerhöfe. Rechts vom Weggental in der Bildmitte die ehemaligen, schon 1338 erwähnten Weinberge des „Landmann" und der „Hinteren Ehalde".

Von der „Zangenhalde", deren Weinberge 1336 zum ersten Mal aktenkundig wurden, geht der Blick über die Talaue des Neckars nach Süden zum Rammert im Hintergrund. Im Zentrum dieser Aufnahme aus den frühen 50er Jahren Sülchen mit Kirche und Friedhof.

Vom ehemaligen Huthüttele über der Ehalde am rechten Bildrand schweift der Blick auf diesem Foto von 1948 über die Stadt und das Neckartal hinüber zum Rammert und bis zu den fernen Höhen der Schwäbischen Alb. Beachtenswerte Details sind in der linken Bildhälfte die weite, noch unverbaute Flußaue zu beiden Seiten des Neckars und in der rechten Bildhälfte, links vom Domturm, der noch völlig wochenendhausfreie ehemalige Weinberghang des Martinsbergs.

Menschen,
die wir kannten

In guter Erinnerung geblieben ist Bischof Carl Joseph Leiprecht mit seinem freundlichen Lächeln, so wie hier beim Verlassen des Weggentals nach dem Pontifikalamt aus Anlaß des 450jährigen Bestehens der Weggentaler Wallfahrt am 9.7.67.

Der Rottenburger Franz Adis war von 1948 bis 1954 Bürgermeister seiner Vaterstadt, ehe er in Baiersbronn dasselbe Amt antrat. Hier sehen wir ihn bei seinem Grußwort aus Anlaß der Inthronisation von Bischof Leiprecht am 21.6.49. Hinter ihm links Domkapitular Anton Hinderberger, rechts Generalvikar Dr. August Hagen. Direkt hinter Adis einer der damaligen Kirchenaufseher, andernorts ‚Kirchenschweizer‘, in Rottenburg aber mit leisem Spott ‚Kirchendusler‘ genannt, in seiner Amtstracht.

So kannte man ihn in der Stadt, den „Bengel-Karle":
in der Uniform der württembergischen Olga-Grenadiere
‚seiner' Stadtkapelle in der Fronleichnamsprozession mit dem
Dirigentenstab vorausschreitend. Bengel war Nachkomme einer
alten Musikerfamilie, Urenkel des bekannten Rottenburger
Volksmusikers und Originals Karle Hankh, Komponist und seit
1952 erster Bundesmusikdirektor.

Josef Sedelmaier, in der Nachkriegszeit als Polizeikommissar
zu den bekanntesten Persönlichkeiten der Stadt gehörend, als
Ruheständler im Gespräch mit einem noch aktiven Kollegen.
Aufgenommen wurde das Foto an einem verregneten
Fronleichnamstag – auch das gab und gibt es gelegentlich –
der späten 60er Jahre auf dem Marktplatz.

Am 6.4.69, an seinem 65. Geburtstag, nahm Bundeskanzler Kurt Georg Kiesinger am österlichen Pontifikalamt im Dom teil.
Nach dem Gottesdienst stellte er sich, begleitet von seiner Gattin, den Gratulationen der Rottenburger; in den Fünfzigerjahren
hatten die Kiesingers in der Jahnstraße gewohnt. Zwischen dem Ehepaar Kiesinger ist der Kopf von Karl Diebold zu erkennen,
der als Inhaber einer Wäscherei in der Badgasse und als Gelegenheitsdichter in der Stadt bekannt war.

Einer der Höhepunkte in der Nachkriegsgeschichte der Rottenburger Stadtkapelle war der Erste Preis in der höchsten Klasse, der „Division d'honneur", beim Internationalen Musikfest in Ostende/Belgien im Jahr 1954. Vor der Abfahrt zu den Wettbewerben wurden die Spitzen des Vereins an den Fenstern ihres Sonderwagens abgelichtet – von rechts nach links Vorstand und Stadtrat Karl Vollmer, Kassier Ludwig Vollmer, Schriftführer Kurt Noll, ein Unbekannter (Ludwig Wendelstein?), Dirigent Karl Bengel.

*Bis ins hohe Alter engagiert für die Erhaltung des historischen Stadtbilds kämpfend, Retter und Sanierer zahlreicher Gebäude im Stadt-
kern, so der Fachwerkhäuser Staig 10 und 16, Erbauer der Oberen und der Mittleren Brücke 1946, verdienter Kirchenbaumeister,
der u.a. auch der St. Morizkirche ihr gotisches Aussehen wiedergab, Förderer des heimischen Weinbaus, Urbansbruder und aktiver
Wengerter – das alles war Architekt Martin Schilling, hier aufgenommen an einem Fronleichnamstag Ende der 60er Jahre.*

Von 1960 bis 1968 war Paul Reck Stadtpfarrer von St. Moriz, ein gestrenger Herr, der aber auch überaus lustig sein konnte. Hier verläßt er in vollem Ornat seine Pfarrkirche nach einem Pontifikalamt aus Anlaß der Martinusfestwoche im November 1961.

Das 450-jährige Bestehen der Wallfahrt im Weggental feierten die dortigen Franziskaner am 9.7.67 mit einem Pontifikalamt und abendlicher Lichterprozession. Hier eine Gruppe bekannter Teilnehmer beim feierlichen Auszug nach dem Gottesdienst.
Links vorn der 83jährige Br. Raymund Ernst († 1970), der 1919 unter den ersten Franziskanern war, die ins Weggental kamen.
Neben ihm Br. Mauritius Haueisen, ein gebürtiger Rottenburger, der in einem holländischen Franziskanerkloster lebte.
In der zweiten Reihe links Dompfarrer Josef Hagel, neben ihm Stadtpfarrer Paul Reck von St. Moriz. Links in der dritten Reihe Domkapitular Anton Herre, der spätere Weihbischof, neben ihm Prälat Dr. Hermann Sauter, bis zum 1.10.67 Regens des Rottenburger Priesterseminars. Ganz rechts P. Alkuin Fehrenbacher, damals Mitglied des Weggentaler Konvents.

Das stille Kirchgäßle in Ehingen mit seinen alten Kastanienbäumen war auch schon vor der Neugestaltung des Uferbereichs nach der Neckarkorrektion von 1966/67 ein beliebter innerstädtischer Spazierweg und die Bänke unter den Bäumen waren ein Lieblingsaufenthalt der Großmütter und ihrer Enkel. Diese Aufnahme aus der Mitte der 60er Jahre zeigt Frauen, die noch im 19. Jahrhundert geboren wurden. Zwei Weltkriege und die Notzeiten des 20. Jahrhunderts haben ihre Gesichter geprägt.

‚Originale‘, Leute, die etwas anders waren als ihre Mitmenschen, Leute, die sich durch Wesenseigenheiten oder durch kleinere körperliche oder geistige Gebrechen von der Mehrzahl der Kleinstädter unterschieden, hatten es nicht leicht. Zumindest einen Spitznamen verpaßte ihnen die Mitwelt und mit diesem leben sie in der Erinnerung fort, so auch „d'r Berliner“, der hier nachdenklich in ein verregnetes Fasnettreiben um 1969/70 auf dem Marktplatz blickt.

Unzweifelhaft ein ‚Original‘ war auch der in den 90er Jahren verstorbene ‚Knipfer‘. Charakteristisch war für ihn die mit einem Flaschengummi ‚verzierte‘ Pfeife, in der das Ende eines Stumpens glimmte, oder das kleine, handgeschriebene Gebetbuch aus der Zeit um 1800, das er im Gottesdienst benutzte. Von Beruf war er Landwirt, aber auch Besitzer eines kleinen ‚Privatmuseums‘, in dem sich Objekte der Volkskunst, Kitsch und Flohmarkt-Gerümpel mit echter Kunst in wunderlicher Weise mischte. Auf unserem Foto interessiert er sich für einen ‚Maskenträger‘ am Fasnetssonntag 1968.

Im Bühlerhof, dem jetzigen Amannhof, war „d'Katzametzgere" zuhause, die hier in der Nähe ihrer Wohnung, auf einem Eckstein sitzend, mit einer Bekannten ‚verewigt' wurde, wohl Ende der 60er Jahre.

Um 1965/67 entstand diese Aufnahme der „Feldahland" genannten Rottenburgerin, die sich hier nach Feierabend auf dem Heimweg von ihrem Arbeitsplatz beim Altwarenhändler Assenheimer im Mühlweg befindet.

An seinem Lieblingsplatz vor dem Eingang zum Spital stehend, in seiner Lieblingshaltung mit beiden Händen in den Hosentaschen: So ließ „d'r Willy Tscheiß", einer der letzten Spitalpfründner alten Stils, – hier in einer Aufnahme von 1968 oder 1969 – das bunte Leben und Treiben in der Königstraße an sich vorüberziehen, als stiller Beobachter, jahrein, jahraus, jahrzehntelang.
Nur der eine oder andere Gruß oder Zuruf vorüberhastender Passanten war an ihn gerichtet – was er dachte, was in ihm vorging, weiß niemand.

„Naturforscher" steht in den Adreßbüchern der Sechzigerjahre hinter dem Namen dieses Herrn, der zwar quasi als ‚Einsiedler' im Gewann „Landmann" lebte, aber immer wieder beim Einkaufen in der Stadt gesichtet werden konnte. Auf unserem Foto von einem sommerlichen Samstags-Wochenmarkt im Juni 1969 wird er von einer Marktfrau aus dem Geschlecht der „Longenes" angesprochen. Bis heute erinnert das stattliche Fichtenwäldchen beim Landmannbrünnele an das Tun des „Naturforschers". Unsere Aufnahme verdient aber noch aus einem anderen Grund Beachtung – sie gilt dem ‚Wägele' mit den Eisenrädern am linken Bildrand. Diese kleinen, niedrigen Wagen wurden nämlich, zusammen mit einem ebenfalls mit Eisenrädern versehenen größeren Wagentyp, in den ersten Nachkriegsjahren in Rottenburgs damals größtem Industrie-betrieb, Fouquet & Frauz, hergestellt! Wie ihre Produktionsstätte sind die laut rasselnden ‚Wägelen' längst Teil der Stadtgeschichte geworden.

Bildnachweis

Band 1:

Foto-Faiß (Werner Faiß †), Rottenburg a.N. 28, 30, 44, 56, 58, 59 links, 68, 81 unten

Foto-Nendel, Rottenburg a.N. 73

Foto-Göhner, Tübingen 21

Foto-Metz, Tübingen 24, 29, 38, 47, 72

Norbert Krüger DGPh, Rottenburg a.N. 31, 53, 55, 71, 78, 79

Hans Neff (†), Rottenburg a.N. 66

Bernward Schiebel, Rottenburg a.N. 17, 23, 25, 26, 33, 36, 37, 39, 40, 42, 43, 45, 46, 48, 52, 57, 59 rechts, 61, 62, 63, 64, 65, 67, 74, 75, 76, 80, 81 oben, 82, 84, 85, 86, 87

Sammlung Siegfried Vollmer, Rottenburg a.N. 34

Alle übrigen Aufnahmen, z.T. nach Reproduktionen von W. Faiß, im Archiv des Verfassers.

Band 2:

Foto-Faiß (Werner Faiß †), Rottenburg a.N. 51, 55, 56, 57, 70

Norbert Krüger DGPh, Rottenburg a.N. 27, 30, 41, 48, 50, 90

Bernward Schiebel, Rottenburg a.N. 20, 21, 23, 24, 26 oben, 31 unten, 32, 33, 34, 35, 36, 37, 40, 42, 43, 44, 45, 52 rechts, 54, 58, 59, 60, 63, 64, 65, 66, 67, 68, 69, 71, 72, 73, 74, 77, 80 oben, 82, 84 rechts, 85, 87, 88, 89, 91, 92, 93, 94, 95. Repro: 76 (Aufn. Winfried Schiebel)

Herbert Stemmler, Rottenburg a.N. 28 (Repro), 49, 53, 61, 75, 78/79

Viktor Stemmler (†), Rottenburg a.N. 14, 18/19, 22, 26 unten, 29, 81 (Aufn. Eugen Hähnle)

Dr. Herbert Sedelmaier, Rottenburg a.N. 31 oben (Fotograf unbekannt)

Sammlung Siegfried Vollmer, Rottenburg a.N. 86

Alle übrigen Aufnahmen im Archiv des Verfassers. Dabei stammen die Bilder 12, 13, 15, 47, 80 unten von Foto-Deyhle, Rottenburg a.N., die Bilder 38, 39, 84 links von Otto Kaltenmark (vormals Rottenburg a.N.).

VORANKÜNDIGUNG

Band 3 erscheint im Herbst 2004!

In der Einleitung zu Band 1 von „Die 50er und 60er Jahre in Rottenburg a. N."
war u. a. zu lesen, daß der Verfasser Hinweise auf bislang unbekanntes
Bildmaterial aus dieser Zeit gern entgegennehme. Dieser Bitte ist eine stattliche
Zahl von Besitzern solcher Aufnahmen nachgekommen. So sind u. a. auch Fotos
aufgetaucht, die manchmal geradezu Illustrationen zu einzelnen Passagen des
Einleitungstextes von Band 1 sein könnten! Viele dieser Aufnahmen sind es
wert, daß sie einer breiteren Öffentlichkeit zugänglich gemacht werden.

Ermutigt durch die überaus positive Resonanz auf das Erscheinen des ersten
Bandes, der nun bereits in zweiter Auflage vorgelegt werden kann, hat sich der
Verlag in Verbindung mit dem Verfasser entschlossen, einen dritten Band folgen
zu lassen, in dem das Beste und Interessanteste aus dem Fundus neu bekannt
gewordener Aufnahmen gezeigt werden wird.

Der einleitende Text befaßt sich mit bislang unbeachtet gebliebenen
Rottenburger Aspekten der Nachkriegs- und Wirtschaftswunderzeit.

Der Band wird rechtzeitig vor Weihnachten 2004 vorliegen.

DIETER MANZ, DIE 50ER UND 60ER JAHRE IN ROTTENBURG A. N.,
BAND 3 ERSCHEINT IM GEIGER-VERLAG, HORB A. N.